Faculté de Droit de Paris.

THÈSE

POUR LA LICENCE.

L'acte public sur les matières ci-après sera soutenu,

Le jeudi 7 août 1845, à deux heures,

Par **CHARLES AVROUIN**, né à Vannes (Morbihan),

Le 18 juin 1825.

*Le candidat répondra en outre aux questions qui lui seront faites
sur les autres matières de l'enseignement.*

PRÉSIDENT : **M. DE PORTETS**, PROFESSEUR.

SUFFRAGANTS { MM. PELLAT,
VALETTE,
PERREYVE, } professeurs.
VUATRIN, suppléant.

PARIS,
IMPRIMERIE DE COSSON,
RUE DU FOUR-SAINT-GERMAIN, 47.
1845.

A MON PÈRE,

A MA MÈRE,

Hommage de respect et de reconnaissance.

JUS ROMANUM.

QUI TESTAMENTA FACERE POSSUNT, ET QUEMADMODUM FIUNT.
(Dig., 28, 1.)
DE JURE CODICILLORUM.
(Dig., 29, 7.)

QUI TESTAMENTA FACERE POSSUNT.

Testamentum est hæredis institutio, vel, ut ait Modestinus, voluntatis nostræ justa sententia, de eo quod quis, post mortem suam, fieri velit.

Nullum est testamentum sine institutione hæredis qui succedat in universum juri quod defunctus habuit.

Si quæramus an valeat testamentum, primùm animadvertere debemus an testator factionem testamenti habuerit; deindè, si habuerit, requiremus an secundum regulas juris civilis testatus sit.

Hæc duo singulis sectionibus dispiciemus.

§ 1. *Qui testamenti factionem habent.*

Testamenti factio non privati, sed publici juris est : itaquè tantùm illi testari possunt quibus lex testandi facultatem concessit.

« Paterfamilias, ait lex duodecim Tabularum, uti legassit super pecuniâ tutelâve suæ rei itâ jus esto. »

Nemò autem paterfamilias potest intelligi, quin sit liber, civis romanus èt sui juris. Hinc sequitur quòd hæc tria, in eo qui testamenti factionem habet, concurrere debent.

Prima conditio ad testamenti factionem requisita est libertas : iis igitur qui damnatione capitali damnantur utpotè ad bestias, ad ferrum aut ad metallum non licet testari ; servi enim pœnæ ipsâ sententiâ efficiuntur.

Pari ratione ejus qui apud hostes est, non valet testamentum quamvis redierit. Testamentum autem quod ante captivitatem in civitate fecerit, valet si redierit jure postliminii ; si decesserit in captivitate, valet ex lege Corneliâ.

Qui à latronibus capti sunt, aut qui in custodiâ publicâ detinentur, manent liberi ; testari igitur possunt.

Secunda conditio testamenti factionis est civitas.

Testari igitur non possunt latini juniani, dedititii, obsides, nisi à principe permittatur, utpotè accepto usu togæ romanæ, nec illi quibus aquâ et igni interdictum est ; nam bona et civitatem amittunt.

In insulam deportati in eâdem causâ sunt.

Relegati autem rectè testantur, nam bona et civitatem retinent.

Capitali sententiâ damnati, si appellaverint, testari possunt, capite enim non sunt minuti quandiù appellatio pendet ; ergò si itâ decesserint, valet testamentum.

Qui apud externos legatione fungitur, testari potest, nam civis manet.

Tertia conditio est ut sit sui juris qui facit testamentum : non licet igitur testari illis qui in patris potestate sunt, quamvis pater eis permittat, nisi de castrensi aut quasi castrensi peculio testentur.

Sunt tamen qui, quamvis sint liberi, cives et sui juris, testari non possunt. Sic lege intestabilis, impubes propter incertam consilii maturitatem; qui non habet integritatem mentis aut qui in adversâ corporis valetudine mente captus est, furiosus, prodigus, mutus, surdus, nisi à principe impetraverit, qui de statu suo dubitant vel errant, testari non possunt.

Hi omnes testamenti factionem activam non habent ; passivam autem habent.

In omnibus istis casibus observandum est ea non nocere impedimenta si post factum testamentum supervenerint, nam prodigus, surdus, etc., quamvis jus faciendi testamentum non habeant, jus habendi retinent.

Cæterum nullum corporis vitium, præter quæ enumeravimus prohibet testari, nam intregritas mentis non corporis exigenda est ; sic senes, qui manus amisit, cæcus testari possunt.

§ 2. *Quemadmodùm testamenta fiunt.*

Tres numerabantur antiquitùs ex jure civili testamenta, *calatis comitiis, in procinctu et per æs et libram*. Deindò à prætorio jure introductum fuit prætorium testamentum et nova deniquè testandi ratio quæ tripartita dicitur, nam è tribus oritur fontibus : ex jure civili, sacris constitutionibus edictoque prætorio.

In testamento *per æs et libram* duæ res aguntur : familiæ mancipatio et nuncupatio testamenti, id est solemnis voluntatis ultimæ testatio his verbis : « *Hæc uti his tabulis cerisve scripta sunt, ità do, ità lego, ità testor. Itaque vos, quirites, testimonium præbitote.* »

Præter hanc familiæ mancipationem et nuncupationem testamenti, plura adhuc ad formam testamenti requiruntur ex jure civili.

1° Testator nomina hæredum debet ipse scribere aut nuncupare palàm, id est ut exaudiri possint à testibus; præter nomina hæredum, cætera quæ in testamento continentur, nil refert quis scripserit, ideò servus, licet alienus, jussu testatoris testamentum scribere non prohibetur.

2° Uno contextu debet fieri testamentum; itaque si post factum testamentum quid mutari placuit, omnia ex integro facienda sunt; non autem si quid obscurius explanet, potest testator declarare posteà quid senserit. Nihil enim novi dat, sed datum significat.

3° Ut valeat testamentum debet esse perfectum; sic si testator, primis hæredibus nuncupatis, obmutuisset magis cœpisse eum testamentum facere, quam fecisse videretur si constaret illum plures hæredes pronuntiare voluisse.

4° Testes ad hoc specialiter rogati adesse debent usque ad finem testamenti, sed si detenti sint inviti putant non valere testamentum.

Nunc videamus quales esse debeant personæ quæ testamentis adhiberi possunt. Hæ sunt quibuscum testator factionem habet testamenti et in illis non sermonis intelligentiam, sed juris civilis communionem exigitur. Servus igitur ad solemnia adhiberi non potest, sed latinus junianus, quamvis romanus non sit civis; non verò peregrinus testis fieri potest.

Multi sunt qui testes esse non possunt: ità surdus, mutus, furiosus, pupillus, femina, is cui lege bonis interdictum est, capitali crimine damnatus, intestabilis aliquà lege, deniquè qui hæres testamento instituitur, qui in potestate vel hæredis vel testatoris est. Attamen legatarius et tutor instituti, testes adhiberi possunt, nisi ullà aliâ re impediantur. Habiles esse debent testes tantùm tempore quo signaverunt et non testatoris tempore mortis. Nihil interest testamentum in tabulis aut in chartis, membranisve vel in aliâ materiâ, latinâ seu græcâ linguâ fieri.

Si quis sine scriptis testamentum facere voluerit, septem adhibitis testibus, suum hæredem coram eis nuncupat et perfectissimum hoc est testamentum jure civili.

Testamentum per æs et libram, quod hactenùs descripsimus, ipsum sub novissimis imperatoribus exolevit.

Nunc quæ sit forma testamenti jure prætoris conficiendi dicendi sumus.

Sufficit si septem testes, cives romani, testamentum signaverint ut bonorum possessio secundùm tabulas à prætore detur quanquam jure civili non valuisset testamentum.

DE JURE CODICILLORUM.

Codicilli sunt ultima testati vel intestati voluntas minùs solemnis.

Illos primus Lucius Lentulus introduxit, nam ante Augusti tempora constat codicillorum jus in usu non fuisse.

Conficiuntur codicilli quatuor modis : aut enim in futurum, aut in præteritum, aut per fideicommissum testamento facto, aut sine testamento.

Nos bipartitam tantùm codicillorum divisionem faciemus; scilicet ut sint codicilli ejus qui testamentum fecit, aut codicilli ejus qui intestato decessit.

Is tantùm codicillos facere potest qui et testamentum facere potest. Non valent igitur codicilli ab eo facti, qui paterfamilias necne esset ignorasset, nisi forte aut miles aut veteranus fuisset.

Codicilli toties valent, quoties quis testamenti factionem habuit tempore quo illos confecit. Ante omnia requiritur ut qui eos confecit, voluerit codicillos facere. Is igitur qui testamentum facere opinatus est, nec voluit quasi codicillos valere, non videtur codicillos fecisse : maximè autem intelligitur codicillos, non testamentum facere voluisse, si neminem hæredem constituit.

Scriptura quam quis jure testamenti valere voluit, et quam aut non perfecit, aut non jure fecit, valebit jure codicillorum, si tanquam codicilli valere possit.

Jure Pandectarum nihil aliud requisitum fuisse videtur ad codicillorum formam quàm expressam voluntatem, et scripturam secundum jus codicillorum factam. Plures quis potest facere codicillos et suâ manu neque scribi neque signari necesse est.

Longè codicilli à testamentis discrepant. Plures enim possunt esse codicilli, testamentum verò unicum. Maxima autem differentia est quòd in testamentis instituere hæredem necesse est; in codicillis contrà non potest institui hæres, nec adimi hæreditas testamento data, hæredem exhæredando. Pari ratione non potest, hærede, purè instituto testamento, codicillis scribere conditionem.

Quod diximus hæreditatem nec dari nec adimi codicillis posse, intelligendum est jure directo; per fideicommissum autem, relinqui codicillis potest.

In pluribus differunt utraque codicillorum species; nam primùm codicilli ejus qui intestatus decedit nullâ confirmatione indigent; contrà, ante testamenti tabulas factos codicillos, non aliter valere voluit Papinianus, quàm si speciali voluntate posteà confirmarentur.

Hæc verò sententia temperata fuit, et constitutum est eos valere dùm appareat testatorem à voluntate quam in codicillis expresserat non recessisse.

Si in confirmatione codicillorum paterfamilias adjecerit, ut non aliter valere velit quàm suâ manu signatos et scriptos, tamen valent quamvis tales non sint; nam ea quæ posteà geruntur prioribus derogant.

Nihil interest an confirmatio præcedat aut sequatur codicillos.

Codicilli ejus qui intestatus decedit nullâ confirmatione indigent, nihilque desiderant quum per se vim habeant et æstimentur eo tempore quo facti sunt.

Codicilli autem à testato facti æstimantur, tempore testamenti circa ea quæ sunt juris; circa autem ea quæ sunt facti codicillorum tempus solùm inspicitur.

Inter codicillos confirmatos et non confirmatos, illud discrimen est, quòd in primis fideicommissa, legata, manumissiones, tutores jure scribi possunt, in aliis autem fideicommissa tantùm.

DROIT FRANÇAIS.

(CODE CIVIL, ART. 967 A 1034).

LOI DE VENTOSE AN XI, ART. 1 A 30 ET ART. 68.

(ORDONNANCE DE LA MARINE D'AOUT 1681, ART. 28).

(LOI DU 3 MARS 1822 SUR LA POLICE SANITAIRE, ART. 1 ET 19).

« L'ordre de la société, a dit Domat, se perpétue dans tous les temps par les successions qui appellent de certaines personnes à la place de ceux qui meurent pour tout ce qui peut passer à des successeurs. » Les successions sont donc les manières dont les biens et les droits des personnes qui meurent passent à d'autres personnes qui les remplacent.

Il est évident que les successions sont naturelles dans l'ordre de la société des hommes ; elles sont même nécessaires pour transmettre l'usage des biens d'une génération qui passe à celle qui suit. Mais peut-on en dire autant du mode de transmission ? Quel est l'ordre naturel selon lequel il doit s'effectuer ? Ceux qui meurent doivent-ils faire passer entièrement leurs biens à leurs enfants et, à défaut d'enfants, à leurs proches, ou bien peuvent-ils en disposer en tout ou en partie en faveur de personnes étrangères ?

Les biens sont donnés aux hommes pour les différents besoins de la vie ; il est donc dans l'ordre naturel qu'après la mort des parents les enfants recueillent leur héritage. C'est un accessoire de la vie qu'ils ont reçue d'eux ; les descendants, à quelque degré que ce soit, les ascendants, sont unis entre eux par le lien de la naissance ; ils doivent donc par la même raison se transmettre réciproquement leurs biens.

D'un autre côté, une personne n'aura point de parents, ou ses parents se seront rendus indignes de lui succéder : n'a-t-elle pas évidemment le droit de disposer de ses biens, surtout si elle ne les doit qu'à son industrie ? Ne pourra-t-elle pas soulager un indigent, un ami, témoigner sa reconnaissance pour un bienfait, en privant de sa succession des collatéraux éloignés et même riches ? Il serait superflu de le démontrer. Tous les peuples civilisés l'ont compris et ont admis les successions légitimes (à lege) et les successions testamentaires.

Ainsi, c'est une loi naturelle que les pères doivent laisser leurs biens à leurs enfants après leur mort, et c'est une autre loi naturelle qu'on doit pouvoir en disposer pour satisfaire à des engagements légitimes ; mais si on ne donne à la première aucunes limites, un père ne pourra disposer de rien ; si on étend la seconde à une liberté indéfinie de disposer de tout, comme faisait l'ancien droit romain, un père pourra priver ses enfants de toute part à sa succession et donner tous ses biens à un étranger. Il faut donc donner à l'une et à l'autre des bornes qui les concilient ; c'est ce qu'ont fait tous les législateurs. Ils ont pensé que, pour faire un juste usage de ces deux lois, on doit regarder celle qui appelle les héritiers du sang comme une première règle générale qui leur donne tous les biens des successions, lorsqu'il n'y a aucune juste cause de les en priver ; mais qu'au contraire, lorsque cette cause existe, on peut disposer de tout ou partie de ses biens par testament.

Le droit civil, tout en laissant subsister les règles du droit naturel, en détermine l'application tant pour l'ordre des successions que pour la confection des testaments.

Cette dernière manière de transmettre les biens est la seule dont nous ayons à nous occuper ici.

DES TESTAMENTS.

Le testament est un acte par lequel une personne dispose de tout ou partie de ses biens pour le temps où elle n'existera plus, et qu'elle peut révoquer.

Il suit de là qu'on ne peut admettre comme valables les testaments mutuels ou conjonctifs, ni faire dépendre ses dispositions testamentaires de la volonté d'un tiers, mais qu'on peut disposer à terme ou sous condition, pourvu qu'elle ne soit pas impossible ni contraire aux bonnes mœurs; enfin, on ne peut donner par testament à charge de conserver et de rendre au décès que selon les règles et dans les cas déterminés par la loi.

A Rome et dans nos anciennes provinces de droit écrit, il était nécessaire que le défunt eût institué un héritier proprement dit pour que ses dispositions testamentaires fussent valables. Au contraire, nos coutumes françaises, en refusant à l'homme le droit de faire des héritiers, en ne reconnaissant ce titre qu'aux personnes appelées *ab intestat* d'après les règles de successions légitimes, allaient quelquefois jusqu'à déclarer nulle une dernière volonté manifestée sous forme d'institution d'héritier.

Notre Code, rejetant la règle du droit romain et l'extrême sévérité de quelques-unes de nos coutumes, déclare qu'un testament pourra se faire valablement sous le titre d'institution , sous le titre de legs, et même sous toute autre dénomination, mais qu'il ne pourra contenir que des legs.

Toute personne peut disposer et recevoir par testament, excepté celles que la loi en déclare incapables. La capacité est la règle générale, l'incapacité l'exception qui ne peut résulter que des termes formels de la loi.

Cette incapacité est absolue ou relative : absolue, lorsqu'on ne peut disposer en faveur de qui que ce soit, ou recevoir de personne : tels sont les mineurs de moins de 16 ans , les interdits pour démence, imbécillité ou fureur , qui ne peuvent rien donner par testament, les morts civilement, qui ne peuvent ni donner ni recevoir ; relative, lorsqu'il y a seulement prohibition de donner à certaines personnes ou de recevoir de certaines personnes ; par exemple : le mineur ne peut faire aucune disposition au profit de son tuteur (à moins qu'il ne soit un ascendant), si ce n'est après l'apurement du compte de tutelle ; les malades au profit des médecins , chirurgiens, pharmaciens qui leur ont donné des soins dans leur dernière maladie , etc.

Après ces observations préliminaires , nous entrerons dans quelques détails relativement : 1° aux diverses formes de testament ; 2° aux diverses sortes de dispositions testamentaires ; enfin 3° aux exécuteurs testamentaires. Ce sera l'objet des trois chapitres suivants.

CHAPITRE PREMIER.

DES DIVERSES FORMES DE TESTAMENTS.

Les testaments peuvent se diviser en deux classes : les testaments ordinaires qui sont les testaments olographes, authentiques et mystiques ;

Les testaments privilégiés qui comprennent :

1° Les testaments faits en temps de peste dans les villes cernées ;

2° Les testaments faits par les militaires en campagne ou dans une place assiégée ;

3° Les testaments faits sur mer.

4° Les testaments faits par un français en pays étranger.

Ces différentes sortes de testaments ont ceci de commun, que les diverses règles qui vont être indiquées, sont toujours exigées à peine de nullité.

§ 1. *Du testament olographe.*

Le testament olographe doit être écrit en entier, daté et signé de la main du testateur ; il n'est assujéti à aucune autre forme (Cod. civ. , 970).

Trois conditions sont donc essentielles à sa validité :

1° Il doit être écrit en entier de la main du testateur : ainsi, en quelque langue, comment et sur quelque papier que soit écrit le testament, qu'il contienne des ratures, des chiffres, des interlignes, des renvois, il sera valable si tout est de la main du testateur, pourvu qu'il soit intelligible et qu'il renferme une disposition de biens.

Toutefois, un seul mot écrit, une apostille, une rature, une addition ou un changement quelconque faits par une main étrangère suffiraient pour vicier le testament en entier ; l'article 970 serait violé.

Il en serait autrement si les changements avaient eu lieu après la mort ou à l'insu du testateur, sans cela il pourrait souvent dépendre d'un tiers d'anéantir des dispositions devenues irrévocables.

2° Il doit être daté de la main du testateur ; et par date il faut entendre l'indication de l'année, du mois et du jour où l'acte est fait. L'indication du lieu est inutile, car le testament olographe peut être fait en tous lieux.

La date a pour objet d'établir si le disposant était capable au moment de la confection du testament, et si ce testament est le dernier de plusieurs faits à des époques différentes. Il est évident qu'une date incomplète ou inexacte ne suffirait pas. Mais le testament devrait être maintenu si la date pouvait se compléter ou se rectifier au moyen de circonstances tirées de l'acte lui-même, puisqu'alors ce serait bien le testament qui procurerait sa véritable date. Au surplus, la place que la date occupera dans le testament est indifférente, pourvu que cette date s'applique bien au testament entier; s'il était reconnu en fait que la date ne s'applique qu'à une partie, la partie non datée serait nulle.

3° Il doit être signé. En règle générale, la signature consiste dans l'apposition à la fin de l'acte du nom de famille du testateur; mais comme la signature n'est rien autre chose que le moyen adopté par une personne d'exprimer au bas des actes son identité, on doit accepter comme signature valable le mode, quel qu'il soit, que la personne avait l'habitude d'employer pour ses actes civils. Ce que la loi a voulu, c'est que le testateur fût clairement désigné.

Il n'en est pas de la signature comme de la date, la place n'est pas indifférente; elle doit se trouver à la fin du testament. Toute disposition qui se trouve après la signature est réputée non écrite.

§ 2. *Du testament par acte public.*

Le testament par acte public est celui qui est reçu par deux notaires en présence de deux témoins ou par un notaire en présence de quatre témoins (Cod. civ., 971).

Le testament par acte public, étant un acte notarié, est soumis dès lors, en général, aux règles exigées pour tous les actes notariés par la loi de ventôse an XI; mais il est clair qu'il y a exception à ce principe pour tous les points qui sont spécialement réglés par le

Code : *specialia generalibus derogant.* Ainsi, on appliquera la loi de ventôse quant à la date, à la signature et aux causes d'incapacité du notaire ou des notaires, puisque le Code n'en parle pas ; mais on ne l'appliquera pas pour les qualités à exiger des témoins du testament public, le Code organisant pour eux un système complet.

Les conditions exigées par le Code pour le testament par acte public sont :

1° Qu'il doit être dicté par le testateur lui-même ; le notaire ou l'un des notaires en personne doit l'écrire sous sa dictée. Ce testament ne pourrait donc pas être fait par signes, ni en répondant aux questions adressées par le notaire, ni en remettant au notaire un projet écrit que ce dernier copierait. Il est cependant permis au notaire de questionner le testateur sur les dispositions mal énoncées, peu claires ou inconciliables, pour éviter des difficultés postérieures sur l'exécution du testament. Il doit même avertir le testateur de ce que la loi annule dans les dispositions qu'il lui dicte ; mais il doit éviter avec soin tout ce qui peut l'influencer.

2° Le testament doit être écrit par le notaire ou un des notaires ; une seule disposition écrite par un clerc, un témoin, par le testateur lui-même, suffirait pour faire annuler le testament.

3° Il doit être écrit tel qu'il est dicté, c'est-à-dire que le notaire ne doit rien ajouter ni rien changer aux dispositions que lui dicte le testateur, sauf, bien entendu, les modifications que demanderaient, dans le choix des termes et leur arrangement, les règles ou les convenances du langage.

Si le testateur ne parlait pas français, le seul moyen de concilier alors le devoir du notaire (qui doit rédiger tous ses actes en français) avec les règles indiquées, c'est de trouver d'abord un notaire et des témoins comprenant la langue du testateur, de rédiger l'acte en français, et dans cette langue, d'en faire ensuite lecture dans cette même langue.

Quand l'acte est écrit, il doit en être donné lecture au testateur en présence des témoins, afin qu'il soit certain pour tous que le notaire a fidèlement reproduit la pensée du disposant. Le notaire doit mentionner l'accomplissement de ces formalités de telle façon que la lecture de l'acte ne laisse aucun doute sur cet accomplissement.

L'acte doit être signé : 1° par le testateur. S'il ne sait ou ne peut signer, le notaire doit faire mention de sa déclaration et de la cause qui l'en empêche. Si, sachant signer, il refusait de le faire, on devrait regarder ce refus comme une preuve du changement de sa volonté. 2° Par tous les témoins, si le testament est fait à la ville; mais s'il est fait à la campagne, il suffira qu'il soit signé par la moitié des témoins. Le législateur a pensé qu'il serait souvent difficile de trouver à la campagne assez de témoins qui sussent signer.

Sont incapables d'être témoins dans le testament par acte public : 1° les légataires ; 2° les parents et alliés de ces légataires jusqu'au quatrième degré inclusivement, ce qui comprend nécessairement le conjoint qui est réellement le premier allié; 3° les clercs du notaire ou des notaires. Il faut, au surplus, que les témoins (et ceci est exigé aussi pour le testament mystique) soient Français, mâles, majeurs et jouissant des droits civils.

Il est évident, en outre, qu'on ne pourrait pas prendre pour témoins des personnes qui, par surdité ou autrement, se trouveraient dans l'impossibilité physique de remplir la mission que la loi leur confie.

Enfin le testament doit être signé par le notaire, qui fera en outre mention de l'accomplissement de toutes les formalités.

§ 3. *Du testament mystique.*

Le testament mystique se compose de deux parties : 1° d'un acte sous seing privé écrit par le testateur ou par un tiers et contenant

ses volontés ; 2° d'un acte public, procès-verbal constatant l'accomplissement des formalités requises pour prouver l'identité de cet écrit et en prévenir toute altération ou substitution.

L'acte secret ou sous seing privé contenant l'expression des volontés peut être écrit par toute personne, pourvu que le testateur le signe, s'il peut signer. Il faut toutefois observer que le testateur qui fait écrire son testament par un tiers doit savoir lire l'écriture pour pouvoir s'assurer que ce testament est réellement l'expression de sa volonté.

Le testateur doit ensuite clore et sceller ou faire clore et sceller, soit le papier portant l'écrit, soit celui qui lui sert d'enveloppe, et le présenter à un notaire et à six témoins en leur déclarant que c'est là son testament écrit et signé par lui, ou écrit par un autre et signé par lui, suivant les cas. S'il ne sait ou ne peut signer, il doit être appelé un témoin de plus, et mention doit être faite du motif. Le notaire dresse de sa main, de ces présentation et déclaration, un procès-verbal qu'on appelle *acte de suscription,* parce qu'il est écrit sur le papier qui a été clos et scellé, et non sur une minute à part. Cet acte doit être signé par le testateur, le notaire et les six témoins, sans aucune dispense pour les campagnes. Si, depuis la signature du testament, il est survenu au testateur un empêchement qui ne lui permette pas de signer l'acte de suscription, il le déclarera, et le notaire en fera mention.

Toutes les formalités relatives à la présentation de l'écrit et à la rédaction de la suscription doivent se faire sans discontinuité, c'est-à-dire sans s'occuper d'autres affaires, et sans autres intervalles que ceux qu'exigerait la santé des personnes.

La suscription du testament mystique étant un acte notarié, et le Code n'indiquant pas ici pour les témoins les causes d'incapacité relative, comme il le fait dans le testament public, il s'ensuit qu'il faudra sur ce point recourir à la loi de ventôse an xi, et exclure le témoignage de tous parents, alliés, clercs et serviteurs du notaire et du testateur.

Celui qui ne peut pas parler, mais qui sait écrire, peut faire un testament mystique, en attestant par écrit sur l'acte de suscription que le papier qu'il présente contient son testament. Il doit être écrit en entier, daté et signé de la main du testateur; le notaire doit mentionner que c'est le testateur qui a écrit l'attestation apposée à la suscription.

Il est à remarquer que quand l'acte qui contient la volonté est ainsi écrit en entier, daté et signé par le testateur, il constitue par lui-même un testament olographe; en sorte que la nullité de la suscription ferait tomber le testament en tant que mystique, mais laisserait subsister l'acte comme testament olographe, puisqu'il en présente tous les caractères.

§ 4. *Des testaments privilégiés.*

La loi est venue au secours du Français auquel il est impossible de tester dans les formes ordinaires, en établissant des règles spéciales et de faveur, 1° pour les testaments militaires; 2° pour ceux qui sont faits dans un lieu où règne une contagion; 3° pour les testaments faits en mer; 4° enfin pour ceux qu'un Français fait en pays étranger.

1° *Testament militaire.* — Ce testament n'est permis qu'aux soldats et aux personnes attachées à l'armée par une commission du gouvernement, qui se trouvent actuellement en expédition, en quartier ou en garnison, hors du territoire ou sur un point du territoire dont les communications sont interrompues par la guerre. Il peut être reçu: 1° par un chef de bataillon ou d'escadron ou tout autre officier supérieur, assisté de deux témoins; 2° par un sous-intendant militaire et deux témoins; 3° par deux sous-intendants; enfin, quand le testateur se trouve dans un hospice comme malade ou blessé, par l'officier de santé en chef, assisté du commandant militaire de l'hospice. Ce testament devient nul après six mois, à partir du moment où le testateur a perdu le droit de tester militairement et a pu faire un testament ordinaire.

2° *Testament fait en temps de peste.* — Lorsque, par l'effet d'une contagion, les communications sont interrompues avec un pays, toutes les personnes qui se trouvent dans ce pays peuvent faire dresser leur testament par le juge de paix ou son suppléant, ou par le maire ou adjoints de leur commune, avec l'assistance de deux témoins. Ce testament, comme le précédent, reste valable pendant six mois, à compter du jour où son auteur a perdu le droit de le faire et a pu tester dans la forme ordinaire.

3° *Testament fait en mer.* — Le testament fait dans un voyage en mer, pourvu que ce ne soit pas à un moment où le navire aurait abordé une terre (française ou étrangère) où se trouverait un officier public français ayant mission pour recevoir les testaments, peut être reçu, sur les bâtiments du roi, par l'officier qui commande en chef assisté de l'officier d'administration, et sur les bâtiments du commerce par l'écrivain du navire assisté du capitaine, et dans tous les cas en présence de deux témoins. En cas d'empêchement de ces personnes, et notamment si c'est précisément leur testament qu'il s'agit de recevoir, le droit passe à celles qui sont chargées de les remplacer dans le service.

L'acte doit être fait en double original. L'un de ces originaux clos et cacheté est remis au consul français du premier port étranger où le bâtiment aborde; celui-ci le fait parvenir au ministre de la marine, qui lui-même en fait faire le dépôt au greffe de la justice de paix du domicile du testateur. Au retour du bâtiment en France, les deux originaux, ou celui qui reste, sont remis au préposé de l'inscription maritime qui les fait passer au ministre de la marine pour que le dépôt en soit fait comme on vient de le dire. La remise ainsi faite au consul ou au préposé doit être mentionnée sur le rôle du bâtiment à la marge en face du nom du testateur. Ces règles n'ayant pour but que la conservation matérielle du testament ne sont pas prescrites à peine de nullité.

Ce testament cesse d'être valable après trois mois depuis que le testateur a pu faire un testament ordinaire.

Dans tout testament fait en mer, le legs fait au profit d'un officier du bâtiment est nul, à moins que cet officier ne soit parent du testateur jusqu'au douzième degré inclusivement.

Chacun de ces trois testaments doit être signé par le testateur, s'il n'en est pas empêché, par l'un au moins des deux témoins, et par celui ou ceux qui reçoivent l'acte. Quand le testateur ne signe pas, il doit déclarer son empêchement, et l'officier rédacteur doit faire mention de sa déclaration et de la cause de cet empêchement. Si c'est l'un des témoins qui ne signe pas, l'officier doit encore énoncer l'empêchement et sa cause.

Au reste, le Code ayant tracé ici un système de règles complet, on ne peut appliquer ces règles qu'aux cas exceptionnels dont nous venons de parler. Ainsi ces officiers spéciaux ne pourraient recevoir un testament mystique.

4° *Testament fait en pays étranger.* — En tout pays le Français peut faire un testament dans les formes autorisées par la loi locale, d'après la règle *Locus regit actum;* il peut aussi y faire un testament olographe, quand même la loi du pays où il se trouve n'admettrait pas cette forme de testament.

En outre, le Français peut tester par acte public en pays étranger, en faisant recevoir son testament par le chancelier du consulat français. En effet, diverses lois (notamment l'ordonnance du 3 mars 1781) qui organisent des règles de droit public, et qui ne tombent pas dès lors sous l'abrogation résultant de la promulgation du Code pour les anciennes lois réglant les matières du droit civil, attribuent aux chanceliers de consulat les fonctions de notaires vis-à-vis des Français qui s'adressent à eux.

Tout testament fait en pays étranger ne peut être exécuté sur les biens de France qu'après avoir été enregistré au bureau du domicile du testateur, et, en outre, quand il s'agit d'immeubles, au bureau de la situation de ces immeubles.

CHAPITRE II.

§ 1. *Des legs universels.*

Le legs universel est celui par lequel le testateur donne à une ou plusieurs personnes l'universalité des biens qu'il laissera à son décès (Code civ., 1003).

Ainsi il y a legs universel toutes les fois qu'il y a vocation à l'universalité des biens. Ainsi, quand je lègue tout ce que je laisserai de biens disponibles, il y a legs universel; car la totalité de mon patrimoine peut se trouver disponible à ma mort. Il en est de même du legs par lequel j'attribue à Pierre tout mon bien, quoique je lègue d'ailleurs tels ou tels biens particuliers à d'autres; car ceux-ci peuvent ne pas venir.

Quand le testateur qui a fait un legs universel laisse des héritiers à réserve qui acceptent sa succession, ils ont la saisine, c'est-à-dire la possession légale de la succession entière, et le légataire universel doit s'adresser à eux pour se faire délivrer la fraction dont il est propriétaire. Néanmoins, quoique l'héritier soit seul possesseur des biens jusqu'à la délivrance, la loi, pour ne pas priver le légataire universel des avantages pécuniaires attachés au titre d'héritier en lui en retirant les honneurs, accorde à ce légataire, à compter du jour même du décès, les fruits de la portion de biens qui lui appartient.

Mais il faut pour cela qu'il demande la délivrance dans l'année de ce décès ; autrement les fruits ne lui seraient dus qu'à compter du jour où la délivrance aurait été judiciairement demandée ou volontairement consentie. (1005 Cod. civ).

Quand il n'y a pas de réservataires, le légataire universel est saisi par la loi de tous les biens de la succession dès la mort du testateur ; il peut dès lors, si le testament est par acte public, se mettre en possession des biens sans aucune formalité préalable. Mais si le testament est olographe ou mystique, il doit auparavant accomplir certaines formalités requises par la loi.

Ces formalités consistent dans la présentation du testament au président du tribunal civil, qui l'ouvrira s'il est cacheté, et dressera procès-verbal de la présentation, de l'ouverture et de l'état du testament dont il ordonnera le dépôt entre les mains d'un notaire par lui commis. Pour le testament mystique, les mêmes formalités seront accomplies ; seulement l'ouverture ne pourra se faire qu'en présence des témoins signataires de l'acte qui se trouvent sur les lieux, ou eux dûment appelés. (1007 C. civ).

Le patrimoine d'une personne n'étant que son actif diminué de son passif, le légataire universel doit donc, quand il recueille la succession entière, acquitter seul les charges héréditaires (jusqu'à concurrence seulement des biens) ; s'il y a des héritiers réservataires, comme il n'en recueille qu'une fraction, il doit une fraction proportionnelle des dettes. Quant aux legs, comme ils doivent être acquittés, non par l'ensemble des biens, mais par la partie disponible de ces biens, le légataire universel est tenu de les acquitter seul, puisqu'il prend tout le disponible. Cependant, quand son legs subit une réduction, il peut faire subir aux autres légataires une réduction proportionnelle.

Nous avons dit tout à l'heure que le légataire universel n'était tenu des dettes que jusqu'à concurrence des biens de la succession, mais pour cela il faut qu'il ait fait inventaire ; car, sans cela, comme il ne pourrait prouver l'importance des biens de la succession et que les deux patrimoines se trouveraient confondus, il pourrait être poursuivi sur ses biens personnels par les créanciers du défunt.

§ 2. *Des legs à titre universel.*

Le legs à titre universel est celui par lequel le testateur dispose, ou 1° d'une part aliquote de l'universalité de ses biens, ou 2° de l'universalité de ses immeubles, ou 3° de l'universalité de ses meubles, ou enfin 4° d'une part aliquote de l'une ou de l'autre de ces deux universalités.

Le légataire à titre universel n'a jamais la saisine des biens auxquels il est appelé ; il doit en demander la délivrance aux héritiers à réserve, s'il y en a ; à leur défaut, au légataire universel, et, à défaut de celui-ci, aux héritiers appelés dans l'ordre établi au titre des successions (C. civ., 1011). Quant aux fruits, la disposition toute de faveur qui les attribue au légataire universel à partir du décès n'étant pas reproduite pour lui, il n'y aura jamais droit que du jour de la délivrance. Le légataire à titre universel contribue aux dettes en proportion de la part de biens à laquelle il est appelé et hypothécairement pour le tout, sauf son recours contre les autres cohéritiers. S'il est légataire d'une quote-part de l'universalité de la succession, il est facile de fixer le chiffre de sa contribution aux dettes ; mais, s'il est légataire de tous les meubles ou de tous les immeubles, ou d'une quote-part de l'universalité des meubles ou des immeubles, il faut le déterminer par une ventilation, en comparant ce que prend le légataire à titre universel avec toute l'hérédité. Il doit aussi faire inventaire ; sans cela, il serait tenu des dettes, même sur ses biens personnels ; car il y aurait confusion des patrimoines. Le légataire à titre universel doit les legs en proportion de ce qu'il prend, non dans l'ensemble des biens, mais dans le disponible. Il en serait cependant autrement si le testateur avait mis le legs particulier entièrement à la charge du légataire à titre universel, ou bien si l'objet légué était de l'espèce de biens dont il est seul légataire.

§ 3. *Des legs particuliers.*

Toute disposition testamentaire qui n'est ni un legs universel, ni un legs à titre universel, est un legs particulier. Ainsi l'attribution de tous les meubles, de tous les immeubles, ou même de tous les biens, lorsqu'elle est faite en détail et avec détermination des objets, n'est qu'un legs particulier. Il en est de même de toute disposition d'usufruit, alors même qu'elle frappe sur l'universalité des biens.

Le légataire particulier n'a droit aux fruits que du jour de la délivrance, excepté dans trois cas : 1° quand le testateur a exprimé sa volonté à cet égard; 2° quand le legs est d'une rente viagère ou d'une pension léguées à titre d'aliments; 3° quand le légataire se trouvait déjà en possession de l'objet avant le décès du testateur.

Le droit du légataire particulier étant fixé par la disposition testamentaire, il en résulte que le legs d'un immeuble, qui comprend aussi ses accessoires, ne saurait comprendre les augmentations faites par le testateur, soit par des acquisitions nouvelles, soit autrement; à moins qu'il ne s'agisse d'un enclos dont le testateur a reculé les clôtures.

Si le testateur avait bâti sur un terrain auparavant nu, il faudrait distinguer : si la construction n'est que l'accessoire du terrain (comme seraient le pavillon d'un jardin ou les bâtiments d'une ferme), le tout est compris dans le legs; mais si le terrain a disparu et s'est absorbé sous la construction, le terrain légué se trouve juridiquement détruit, et le legs s'évanouit.

4

Quand le testateur lègue directement la chose d'autrui, le legs est nul, sans qu'on ait à rechercher comme autrefois si le testateur savait ou non que la chose ne lui appartenait pas. Ce principe devra être pris en considération pour déterminer les effets du legs par lequel le testateur attribuerait tout ou partie du bien dans lequel il n'a qu'une part indivise.

Le legs d'une chose indéterminée, mais déterminable (un cheval par exemple), n'est pas censé legs de la chose d'autrui. Le choix appartient au débiteur, à moins de déclaration contraire de la part du testateur. Il doit, au surplus, offrir une chose d'une qualité moyenne.

Le legs fait au créancier n'est pas censé fait en compensation de sa créance; il faudrait pour cela que le testateur l'eût déclaré dans son testament.

Le légataire particulier n'est jamais tenu des dettes du défunt; car les dettes ne sont pas à la charge de tel ou tel bien particulier, mais de l'ensemble du patrimoine. Mais il est évident que si le testateur avait, par des legs particuliers, donné plus que son actif, ces legs seraient nuls jusqu'à due concurrence, car le défunt a réellement donné ce qui ne lui appartenait pas.

D'après le principe du droit commun qui met les frais du paiement à la charge du débiteur, c'est au débiteur d'un legs à supporter les frais de la délivrance, pourvu que, joints au legs lui-même, ils ne surpassent pas la quotité disponible qui doit toujours rester intacte. Quant aux frais de mutation de propriété, ils sont naturellement à la charge du légataire.

Du reste, chaque légataire peut aujourd'hui ne faire enregistrer le testament que pour ce qui le concerne, tandis que notre ancien droit ne permettait pas cet enregistrement partiel.

Le légataire particulier est obligé de demander la délivrance de son legs à ceux qui ont la saisine de la succession, ou au débiteur du legs s'il est lui-même en possession. Il a trois actions pour obtenir cette délivrance :

1° Une action personnelle, qui naît du quasi-contrat formé par l'acceptation de la succession ou de la disposition, contre les héritiers ou autres débiteurs du legs, au prorata de leur émolument ;

2° Un droit d'hypothèque, et par suite une action hypothécaire sur tous les immeubles de la succession ou sur ceux qui forment la part du débiteur du legs ; toutefois, cette hypothèque légale n'a d'effet qu'à l'égard des créanciers, des héritiers ou de ceux du débiteur du legs ;

3° Une action en revendication contre tout détenteur du legs, pourvu qu'il en ait demandé la délivrance.

CHAPITRE III.

DES EXÉCUTEURS TESTAMENTAIRES.

L'exécuteur testamentaire est un mandataire imposé aux héritiers par le testateur et qui est chargé de veiller à l'exécution de ses dernières volontés.

Pour être chargé de cette fonction, il faut être capable de s'obliger ; d'où il suit que le mineur, même émancipé, la femme mariée sans le consentement de son mari, celle qui est séparée de biens ou qui possède des biens paraphernaux sans l'autorisation de son mari ou de justice, en un mot, l'incapable de s'obliger, ne pourrait être nommé exécuteur testamentaire.

Ces fonctions sont personnelles et ne passent point aux héritiers. Elles sont gratuites, à moins que le testateur n'ait attribué un salaire à l'exécuteur testamentaire, ou, ce qui arrive le plus souvent, fait un legs à titre d'indemnité.

L'acceptation des fonctions peut être expresse ou tacite : expresse, lorsque l'acceptation est formelle ; tacite, lorsque l'exécuteur testamentaire s'est immiscé dans les affaires de la succession ou lorsqu'il a fait la demande de son legs rémunératoire.

Le testateur peut ne désigner qu'un exécuteur testamentaire, comme il peut en nommer plusieurs, et dans ce dernier cas il est libre de conférer à chacun des fonctions spéciales ou de donner à tous un pouvoir entier.

Le testateur peut, pour garantir l'exécution des legs mobiliers, donner à son exécuteur la saisine de tout ou partie de son mobilier. Elle ne peut être étendue aux immeubles, ni durer au delà de l'an et jour. L'héritier, au surplus, peut toujours la faire cesser en justifiant de l'exécution des legs mobiliers, ou en offrant à l'exécuteur une somme suffisante pour les acquitter. Le délai de l'an et jour courra du jour de la mort du testateur, si l'exécuteur a pu prendre possession de suite ; et, s'il y a eu des contestations, à partir du jour où elles ont cessé. A l'expiration de ce délai, l'exécuteur continue de surveiller l'exécution du testament, si elle n'est pas achevée, comme s'il n'avait jamais eu la saisine.

Les fonctions de l'exécuteur testamentaire diffèrent selon qu'il a ou qu'il n'a pas la saisine.

Il devra, dans l'un et l'autre cas, faire apposer les scellés s'il y a des héritiers mineurs, interdits ou absents, surveiller l'exécution du testament, provoquer la vente du mobilier à défaut de deniers suffisants pour acquitter les legs, intervenir pour soutenir les droits des légataires dans toutes les contestations élevées sur l'exécution.

Si l'exécuteur est saisi, il doit faire inventaire des meubles, à moins que le testateur ne l'en ait dispensé. Il recevra sur ses seules quittances le prix du mobilier vendu, les intérêts des créances actives de la succession, les arrérages des ventes, etc., etc.

Il devra acquitter les charges de la succession, tels que les frais de dernière maladie, frais funéraires, intérêts des créances, arrérages de rentes dus par la succession. S'il n'a la saisine que d'une portion du mobilier, il n'agira que pour cette portion, comme nous venons de le ire.

S'il n'a pas reçu la saisine, il devra mettre l'héritier en demeure de faire inventaire et d'acquitter les legs.

Quand le testateur a nommé plusieurs exécuteurs testamentaires, et que tous ont accepté, il faut distinguer si ce testament attribue à chacun d'eux des fonctions spéciales ou garde le silence sur ce point. Dans le premier cas, chaque mandataire n'a de pouvoir que pour l'objet qui lui est désigné; et s'il s'est renfermé dans les limites de cet objet, sa responsabilité ne s'étend pas au delà. Quand il n'y a pas division des fonctions, la loi reconnaît à chacun un pouvoir absolu, et, par suite, chacun répond pour le tout et solidairement avec ses co-exécuteurs du mobilier qui a pu leur être confié. Cette responsabilité solidaire pour l'emploi du mobilier existerait encore pour les exécuteurs qui, chargés de fonctions spéciales, seraient sortis des limites qui leur étaient tracées.

Si quelques-uns seulement des exécuteurs avaient accepté, c'est d'après l'ensemble des circonstances qu'il faudra apprécier, en fait, quelle a été pour ce cas l'intention du disposant.

Enfin, lorsque le testament aura été exécuté, ou à l'expiration de l'an et jour, ils seront tenus de rendre compte de leur gestion aux héritiers, et pourront répéter contre eux les frais de scellés, d'inventaire, ainsi que tous autres qui sont relatifs à leurs fonctions. Si la répétition de ces frais devait porter atteinte à la réserve, l'exécuteur testamentaire devrait les réclamer, non plus à l'héritier dont la réserve peut être entamée, mais au légataire.

QUESTIONS ?

1° Suffit-il aux héritiers de méconnaître l'écriture ou la signature du testament olographe pour qu'il y ait lieu d'en ordonner la vérification? — Oui.

2° Si l'écriture est reconnue ou vérifiée, le testament fait-il pleine foi de sa date? — Oui.

3° Le testament est-il nul lorsqu'il contient un seul mot écrit par une main étrangère? — Oui.

4° Le testament olographe peut-il être fait par lettre missive? — Oui.

5° Les signatures du testateur, des témoins et des notaires doivent-elles être attestées par une mention expresse dans le testament par acte public? — Non.

6° Si le testament mystique est écrit et signé de la main du testateur, la nullité de l'acte de suscription l'empêche-t-il de valoir comme olographe? — Non.

7° L'héritier *ab intestat*, qui aurait approuvé ou exécuté volontairement le testament nul en la forme, peut-il encore l'attaquer?—Non.

8° Le legs du disponible est-il un legs universel? — Oui.

9° Le legs de tous les biens en usufruit seulement est-il universel, à titre universel ou particulier? — C'est un legs particulier.

10° Le légataire universel saisi est-il tenu *ultra vires* des dettes du défunt? — Non.

11° Le légataire à titre universel a-t-il droit aux fruits du jour du décès? — Non.

12° L'héritier pur et simple est-il tenu des legs *ultra vires* ? — Non.

Paris.—Imprimerie de Cosson, rue du Four-Saint-Germain, 47.